Miriam Koch

Keentied

o l'arte di volare verso la felicità

Keentied, oder die Kunst, ins Glück zu fliegen

La Linea Upupa

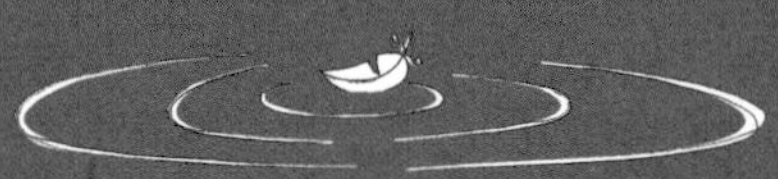

«Rincorri la felicità, però non correr troppo!
Tu insegui la felicità, e lei vien dietro a piede zoppo.»

Bertolt Brecht

»Ja, renn nur nach dem Glück, doch renne nicht zu sehr!
Denn alle rennen nach dem Glück, das Glück rennt hinterher.«

Bertolt Brecht

Keentied ha fretta. Oggi è un giorno importante.
Il giorno del grande viaggio verso il Nord.

Keentied hat es eilig. Denn heute ist ein wichtiger Tag.
Der Tag der großen Reise in den Norden.

Wir Konnten
nicht länger
auf Dich
warten und
sind ge
Non potevamo
più aspettarti
e siamo partiti!

Però Keentied arriva troppo tardi, non c'è più nessuno.
Solo alcune piccole piume bianche che ondeggiano al vento.

Doch Keentied kommt zu spät. Es ist niemand mehr da.
Nur ein paar kleine weiße Federn schaukeln einsam im Wind.

Wir Konnten nicht länger auf Dich warten und sind gestartet!

Non potevamo
più aspettarti
e siamo partiti!

Wir konnten
nicht länger
auf Dich
warten und
sind gestartet!!

Una folata di vento soffia nell'aria
e Keentied si mette a correre.
È deciso a non restare indietro.

Da wirbelt eine Windbö durch die Luft und Keentied eilt weiter.
Entschlossen, nicht zurückzubleiben.

«A presto, Keentied!», grida un gabbiano
mentre Keentied vola oltre il faro, verso l'orizzonte.

»Bist spät dran, Keentied!«, ruft die Möwe,
als er am Leuchtturm vorbei dem Horizont entgegenfliegt.

Vola in alto sopra il mare,
quando giù nell'acqua blu e profonda appare un'isola.

Hoch über dem Meer segelt er,
da taucht weit unten im tiefblauen Wasser eine Insel auf.

Keentied scopre molte piume tra le pietre colorate,
comprese alcune piccole e bianche…

Zwischen bunten Steinen entdeckt Keentied viele Federn,
auch kleine weiße sind dabei …

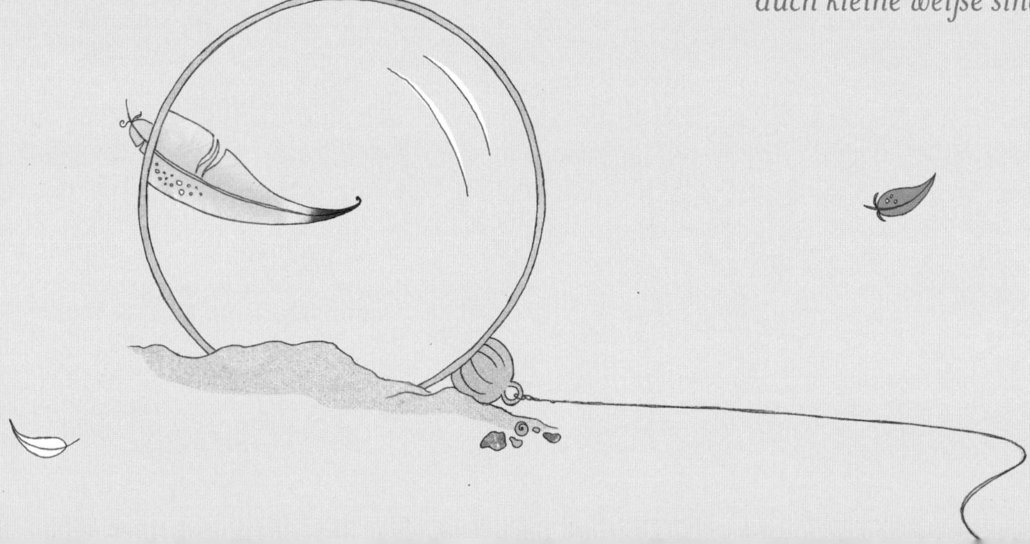

«Sei in ritardo, piccoletto!»,
dice un enorme uccello.
«Sono volati via senza di te?»

»Bist spät dran, kleiner Kerl!«, sagt da ein riesiger Vogel.
»Sind sie ohne dich weitergeflogen?«

Keentied si rimette di corsa in viaggio. Ma il cielo si fa scuro.
Una tremenda tempesta sta arrivando da Nord…

Eilig setzt Keentied seine Reise fort. Doch der Himmel verdunkelt sich.
Ein mächtiger Sturm zieht von Norden auf…

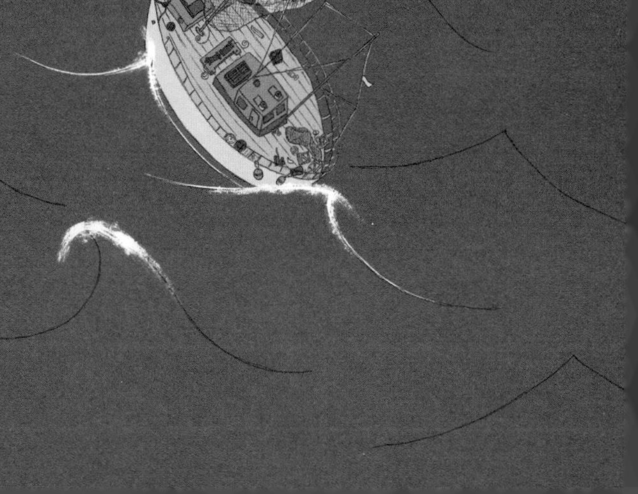

… e Keentied trova riparo su un'isola di metallo.
Ci sono cose spaventose qui.

… und Keentied sucht Schutz auf einer Insel aus Metall.
Hier gibt es unheimliche Dinge.

OLIO ESAUSTO

Il contenuto di questa tanica
è estremamente pericoloso per
l'acqua e facilmente infiammabile

Keentied ha paura
e a un tratto qualcosa lo imbriglia!

Keentied fürchtet sich,
und plötzlich hält ihn etwas fest!

aromates

Non ce la fa a liberarsi.
Gli mancano le forze e il tempo vola via…

Er kann sich nicht befreien.
Seine Kräfte schwinden, und die Zeit vergeht …

Ma non è solo.

Aber er ist nicht allein.

Che sollievo! Keentied spiega le ali.
È libero…

Erleichtert breitet Keentied seine Flügel aus.
Er ist frei …

Wir Konnten
länge

… ma anche stanco e sconsolato.
È in balia delle onde, alla deriva.

… doch auch müde und enttäuscht.
Ziellos treibt er auf den Wellen dahin.

La costa ricompare in lontananza
e Keentied scorge il faro, le dune e il molo.
E sul molo un punto bianco, piccolissimo…

Da taucht in der Ferne die Küste wieder auf
und Keentied erblickt den Leuchtturm, die Dünen und den Steg.
Und auf dem Steg einen weißen Punkt, ganz klein …

Due settimane dopo…

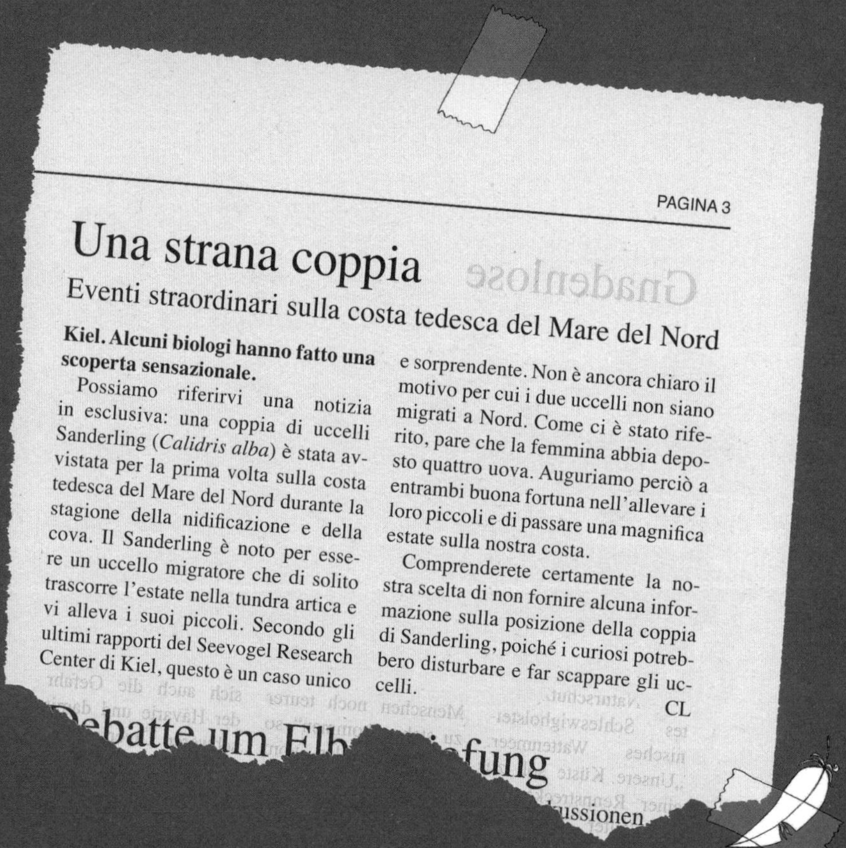

PAGINA 3

Una strana coppia

Eventi straordinari sulla costa tedesca del Mare del Nord

Kiel. Alcuni biologi hanno fatto una scoperta sensazionale.

Possiamo riferirvi una notizia in esclusiva: una coppia di uccelli Sanderling (*Calidris alba*) è stata avvistata per la prima volta sulla costa tedesca del Mare del Nord durante la stagione della nidificazione e della cova. Il Sanderling è noto per essere un uccello migratore che di solito trascorre l'estate nella tundra artica e vi alleva i suoi piccoli. Secondo gli ultimi rapporti del Seevogel Research Center di Kiel, questo è un caso unico e sorprendente. Non è ancora chiaro il motivo per cui i due uccelli non siano migrati a Nord. Come ci è stato riferito, pare che la femmina abbia deposto quattro uova. Auguriamo perciò a entrambi buona fortuna nell'allevare i loro piccoli e di passare una magnifica estate sulla nostra costa.

Comprenderete certamente la nostra scelta di non fornire alcuna informazione sulla posizione della coppia di Sanderling, poiché i curiosi potrebbero disturbare e far scappare gli uccelli.

CL

Debatte um Elb fung

ussionen

Zwei Wochen später …

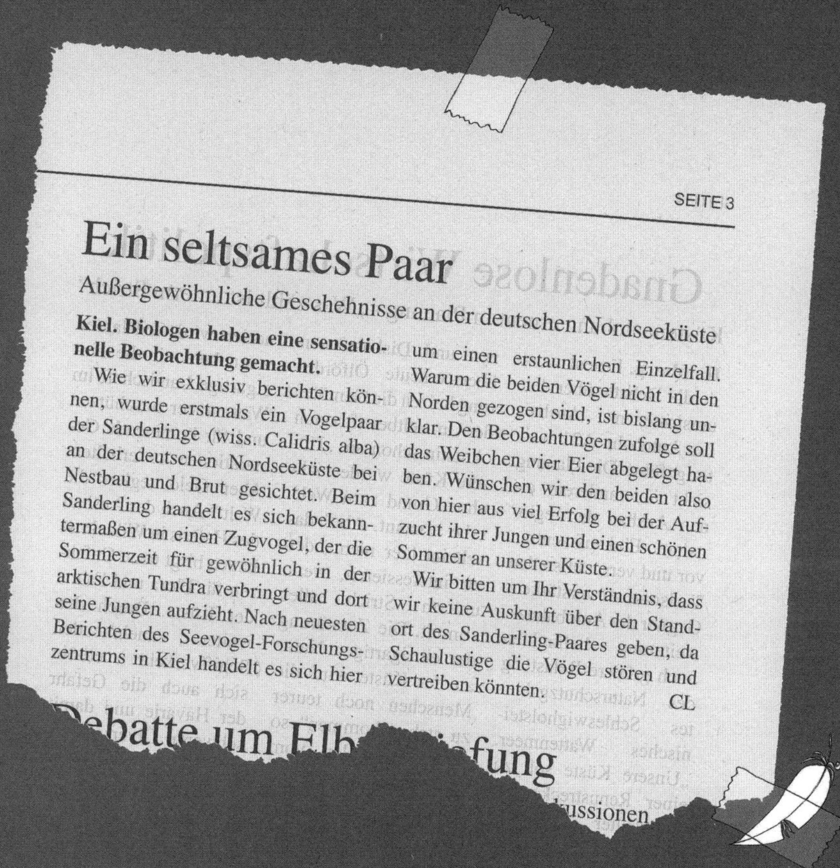

SEITE 3

Ein seltsames Paar

Außergewöhnliche Geschehnisse an der deutschen Nordseeküste

Kiel. Biologen haben eine sensationelle Beobachtung gemacht.

Wie wir exklusiv berichten können, wurde erstmals ein Vogelpaar der Sanderlinge (wiss. Calidris alba) an der deutschen Nordseeküste bei Nestbau und Brut gesichtet. Beim Sanderling handelt es sich bekanntermaßen um einen Zugvogel, der die Sommerzeit für gewöhnlich in der arktischen Tundra verbringt und dort seine Jungen aufzieht. Nach neuesten Berichten des Seevogel-Forschungszentrums in Kiel handelt es sich hier um einen erstaunlichen Einzelfall. Warum die beiden Vögel nicht in den Norden gezogen sind, ist bislang unklar. Den Beobachtungen zufolge soll das Weibchen vier Eier abgelegt haben. Wünschen wir den beiden also von hier aus viel Erfolg bei der Aufzucht ihrer Jungen und einen schönen Sommer an unserer Küste.

Wir bitten um Ihr Verständnis, dass wir keine Auskunft über den Standort des Sanderling-Paares geben, da Schaulustige die Vögel stören und vertreiben könnten.

CL

Debatte um Elb… fung

…ussionen

Il Sanderling (noto come Calidris Alba*) è un piccolo uccello trampoliere che appartiene al genere dei camminatori da spiaggia. Trascorre l'inverno nelle coste europee e africane. Il Sanderling adulto è alto circa 18 cm e si distingue in inverno per il suo piumaggio luminoso. Con rapidi salti tripli schiva abilmente le onde che si alzano, e pesca piccoli crostacei e pesciolini. I suoi agili movimenti gli sono valsi, nelle coste della Germania settentrionale, il soprannome di "Keentied" ("Non c'è tempo").*

Alla fine di maggio, circa 10.000 esemplari di Sanderling migrano dal Mare dei Wadden verso le zone artiche per riprodursi. Gli uccelli possono volare fino a 5.000 km in soli 3 giorni a una velocità di 60-70 km/h. All'inizio del volo i Sanderling hanno un peso corporeo di 90-100 g; dopo l'estenuante viaggio si riduce di circa la metà. Un Sanderling può vivere fino a 20-30 anni.

Der Sanderling (wiss. Calidris alba) ist ein kleiner Watvogel und gehört zur Gattung der Strandläufer. Das Winterhalbjahr verbringt er an den europäischen und afrikanischen Küsten. Der ca. 18 cm große Sanderling fällt im Winter durch sein helles Gefieder auf. Mit schnellen Trippelschritten weicht er geschickt den auflaufenden Wellen aus und fischt kleine Krebstiere und Würmer aus dem ablaufenden Wasser. Seine flinken Bewegungen brachten ihm an der norddeutschen Küste den Spitznamen »Keentied« (»keine Zeit«) ein.

Einige 10.000 Sanderlinge ziehen Ende Mai in Schwärmen vom Wattenmeer aus in ihre arktischen Brutgebiete. Die kleinen Vögel legen dabei in nur 3 Tagen bis zu 5.000 km zurück und fliegen mit einer Geschwindigkeit von 60-70 km/h. Zu Beginn des Fluges haben die Sanderlinge ein Körpergewicht von 90-100 g. Nach dem kräftezehrenden Flug ist dieses um etwa die Hälfte reduziert. Ein Sanderling kann 20-30 Jahre alt werden.

La Linea *Upupa*

Guarda gli altri titoli della collana su edizionilalinea.it

La Linea Upupa è una collana curata da Benedetta Fiorelli

Keentied oder die Kunst, ins Glück zu fliegen
Author/Illustrator: Miriam Koch

Edizioni La Linea
Via San Rocco, 9 – 40122 Bologna
Prima edizione maggio 2021

Web App: Cristina Carnevali
Attività didattiche (nella Web App): Nadia Mohamed Abdelhamid
Speaker: Daniela Poggipollini e Isabella De Ponti
Studio di registrazione: Radio Città Fujiko
Stampa: Modulgrafica Forlivese
Via Correcchio, 8/a, Forlì (Fc)

ISBN 978-88-97462-81-1